THE ART OF THE
AUTHORESS OF ANASTASIA:
THE AUTOBIOGRAPHY OF H.I.H.
THE GRAND DUCHESS
ANASTASIA NICHOLAEVNA OF RUSSIA

J (JOHANNES) FROEBEL-PARKER

AuthorHouse™ LLC
1663 Liberty Drive
Bloomington, IN 47403
www.authorhouse.com
Phone: 1-800-839-8640

Published by AuthorHouse 07/03/2014

ISBN: 978-1-4969-2080-5 (sc)
ISBN: 978-1-4969-2081-2 (e)

Library of Congress Control Number: 2014911437

authorHOUSE®

Dedicated to Chiaringa whom we all love so dearly

With sincere thanks to

Janis Lorraine Parker, née Froebel

Judith Edmonston, née Froebel

Barbara Tryon, née Froebel

Consuelo Serrano-Lopez

Frank and Linda Bruno

Dr. Brian Franklin Head

Dr. Larisa Semenova-Head

B. Schmitt

Nancy Potter

Veronica Fori

Christian Colon-Ortiz

and all those who have travelled to pay respects at "Evgenia's" grave and listened to her story

INTRODUCTION

The fate of the Imperial Romanov family of Russia has captivated the world since the day that Tsar Nicholas II, Tsaritsa Alexandra Feodorovna, née von Hessen-Darmstadt, and their children were taken into the cellar of the Ipatiev House in Ekaterinburg, Russia under the ruse of having to have their photos taken.

What happened next has been pieced together with "official" (and probably embellished) accounts from the assassins themselves, archives, oral tradition from family of the members of the execution squad, forensics on discovered remains, etc.

How the world longed for one or another of the family to have escaped. The hope beyond hope that an innocent would have survived the lawlessness and atheism of the Communist Revolution in Russia has gripped the world for almost one hundred years at the time of the penning of this introduction to *The Art of the Authoress of Anastasia: The Autobiography of H.I.H. The Grand Duchess Anastasia Nicholaevna of Russia.*

Anna Anderson claimed she was Anastasia which DNA later disproved, even if her claim intrigued those who prayed that the grand duchess might have escaped the violence of the Ipatiev House on 17 July 1918. In an act opposed by the Orthodox faith, Anderson was cremated.

Vasily Filatov of Astrakhan, Russia claimed to be Anastasia's brother, Alexei, and was the subject of a thought provoking study published in 1998 (Abrams) under the title *The Escape of Alexei, son of Tsar Nicholas II.*

Perhaps the most enigmatic of these claimants was known simultaneously as Evgenia Smetisko and Eugenia Smith. She rests in a consecrated grave in the cemetery of Holy Trinity Russian Orthodox (ROCOR) Monastery in Jordanville, New York not far from Utica, New York.

There under a humble wooden cross, paint somewhat peeling away, sagging to one side, Evgenia Drabek Smetisko is buried with her own date of death: January 31, 1997. Mysteriously she is inhumed with the birthdate of HIH Grand Duchess Anastasia Nicholaevna Romanova: June 18, 1901.

"Evgenia," the woman who awaits the *Resurrection* (the origin of the name *Anastasia*) of the Dead in consecrated Orthodox ground, immigrated to the United States with the birthdate of January 25, 1899. This fact is attested to by her naturalization papers from April 4, 1928. At that time she was living at the home of a Mrs. Unseld at 6362 Greenwood Avenue in Chicago, Illinois. Her "country" of origin is stated as "Roumania-Serbs, Croats & Slovenes." The witnesses for her naturalization were Daisy Bolstead, residing at 2447 Jackson Boulevard in Chicago, and Marion Hermann of 2425 West Jackson Boulevard.

At the time of Anastasia's "autobiography" the woman known as "Evgenia Smetisko" was the subject of a front cover story in the Life Magazine published October 18, 1963. The title: "The Case of A New Anastasia" with the caption "Is a lady from Chicago the czar's daughter?"

A full half century ago the world was scrutinizing her claims.

Fifty years later, in a New York Times article from April 3, 2014 titled "Treasures and Trivia of the Romanov Era," Evgenia Smetisko, referred to in the article as "Eugenia Smith," is credited with donating many fine Romanov and Romanov Era objects to Holy Trinity Russian Orthodox Monastery in Jordanville, New York.

The seat of the Russian Orthodox Church Outside of Russia, the monastery, begun in the 1930's by clerics unable to return to the then Communist Soviet Union, opened The Foundation of Russian History Museum on its grounds on May 25, 2014.

The author's fascination with "Evgenia" began when he was contacted by a representative of the monastery who inquired if there might be any interest on his part in objects from "Smetisko's" collection which were deemed unsuitable for the museum.

Most of the pieces were painted later in life by the immigrant lady whose claim to be Anastasia the Church officially rejects. Created during her 80's and 90's the majority of these delightful paintings, depicting scenes from her "recollections" in Russia with some whimsical pieces including sweet chicks pecking at grain, show innate artistic talent coupled with some level of professional training.

Some pieces were created by other artists. A full size portrait in oil on canvas is by Richard Banks and was used in *The Autobiography*. A number of others, including one painted with the collaboration of "Smetisko," are by the Russian artist from Kiev, Aleksander Kusnetsov. "Evgenia" signed her work "OTMA," the acronym used on the sewing and art projects done collectively by Olga, Tatiana, Maria, and Anastasia.

The purpose of this book is not to convince or even try to convince the reader that "Evgenia Smetisko" was Grand Duchess Anastasia (who shares some ancient English familial lineages with the author). It does serve, however, as a vehicle to show what a pleasing artist she was in her own right. She does share that creative characteristic with the Anastasia of history.

While the Foundation of Russian History Museum will highlight the Romanov and Romanov Era work donated by "Smetisko" (*the Life Magazine article mentions that Mr. Smetisko, a Croatian farmer whom "Evgenia" listed as her husband in immigration papers, declared that he had never met her, let alone married her*) this book will allow the reader to see work by her own hand.

The world may never truly know the entire truth behind the events of July 17, 1918, but two mysteries beg to be mentioned.

The author contacted the Biometrica Corporation of Virginia, having seen their work on the History Channel. A Mr. S, who had previously done a photographic biometric analysis of American outlaw Jesse James, graciously agreed to compare a photo of the teenaged grand duchess and "Evgenia" in her sixties. After many weeks a response came: most probably the same person or a very close relative at the very least. Even the earlobes, rare even in verifiable cases, matched up.

This alone does not prove the identity of the woman in the grave on which cross appears the birthday of Anastasia Nicholaevna Romanova. It does, *sans doute*, add to the mystery of the woman who passed a lie detector test when asked if she was indeed Anastasia, and failed when she denied it.

A cozy European albeit Russian custom is to tend the graves of one's loved ones. The author and a friend of Mexican descent tend to "Evgenia's" grave. The latter maintains a belief that Evgenia is in essence Anastasia. It is her pious belief, and surely heaven is brightened when she says a prayer at "Evgenia's" tomb.

A few years ago Doña C. repeated various times a week that she had an intense desire to prepare and eat a Mexican plant similar to quinoa called **huauzontle.** It is a nutritious bush which produces edible seeds, stems, and leaves. The plant was used as tribute in the Aztec Empire, while under the Spanish *conquistadores* its cultivation was prohibited. Its use as a food was retained in remote areas beyond the control of Spain.

When the author and Doña C. returned to "Evgenia's" grave to do an autumn cleaning, we could see from afar that it was overgrown by what looked like weeds. As we approached and could touch the plant, Doña C. exclaimed, "These are *huauzontles*! The princess has sent them for us to eat!"

A thorough walk around the cemetery revealed no other source of the delicacy. When pulled from the grave, no other weed or extraneous plant was present. A feast enough for three people to eat to their hearts' content was prepared at home with roasted jalapeños, black beans, and homemade salsa. "Evgenia," Anastasia, or Eugenia in her death had provided the plot of Earth for them to grow to the delight and nutrition of the discoverers.

The Christian believer can be sure that many prayers of thanks, admiration and wonderment were offered before partaking of the *Huauzontle Supper*, a mysterious event which is recounted many times a year to all who express an interest to hear.

The author desires that the reader enjoy the paintings of "Evgenia Smetisko" and find fascination in her story no matter the conclusion which one reaches. Her trust in God and her dedication to the Christian faith are examples for our day, while the reader will be enriched by someday visiting the monastery grounds and cemetery nestled among the pines and hilly fields.

Судьба русской императороской семьи Романовых неизменно вызывает интерес в мире с того самого времени, когда царя Николая II, царицу Александру и их детей привели в подвал ипатьевского дома в Екатеринбурге под предлогом фотографирования. То,что произошло позже представляет собой мозаичную картину, составленную частично из «официальной» (и явно приукрашенной) версии событий, рассказанных самими убийцами, архивных данных, устных воспоминаний членов семьи расстрельной команды, заключений судебной медицины в определении обнаруженных останков и т.п.

Люди продолжают верить в то, что кому-то из обречённой семьи удалось спастись. Надежда на спасение невинного в бесправной атеистической стране, порождённой коммунистической революцией, жила в людях почти сто лет. Эта надежда на чудесное спасение царской дочери нашла отражение в предлагаемой книге «Работы Великой Княжны Анастасии Романовой».

Анна Андерсон утверждала, что она Анастасия, но впоследствие это было опровергнуто анализом ДНК. Однако люди молились и верили в то, что 17 июля 1918 года Великая Княжна могла избежать смерти в ипатьевском доме. Несмотря на то, что Православная церковь не одобряет кремирование, Андерсон была кремирована.

Василий Филатов из Астрахани утверждал, что он брат Анастасии, Алексей. Это послужило стимулом для написания опубликованной в 1998 книги (Абрамс), озаглавленной «Спасение Алексея, сына царя Николая II».

Быть может, самой загадочной из объявленных себя Анастасиями была Евгения Сметиско, она же Юджиния Смит. Её останки покоятся на кладбище Свято-Троицкого Православного монастыря в Джорданвилле, штат Нью Йорк, недалеко от города Ютика.

Над могилой - покосившийся простой деревянный крест с отслоившейся местами краской. На кресте указана дата смерти Евгении Драбек Сметиско: 31 января 1997 года. Дата рождения на могиле Сметиско идентична дате рождения Великой Княжны Анастасии Николаевны Романовой: 18 июня 1901 года.

Евгения-Анастасия («Анастасия», греч., значит «ожидающая воскресения после смерти»), останки которой покоятся на освящённой земле православного кладбища, в иммиграционных документах по приезду в Соединённые Штаты указала другую дату рождения: 25 января 1899 года. Этот факт зафиксирован в её документах при получении гражданства 4 апреля 1928 года. В то время она жила в доме миссис Анселд в Чикаго на Гринвуд Авеню 6362, штат Иллинойс. Страна, в которой она родилась, в документах значится как «Румыния, Сербия, Хорватия и Словения». Свидетелями при процедуре натурализации выступили Дэйзи Болстед, проживающая в Чикаго по адресу Джексон Бульвар, 2447 и Марион Херманн Вест Джексон Бульвар, 2425.

Посде выхода в свет «Автобиографии» Анастасии, автором которой оказалась женщина, известная как «Евгения Сметиско», журнал «Лайф Магазин» 18 октября 1963 года опубликовал передовицу под названием «Новая Анастасия?» с подзаголовком «Действительно ли леди из Чикаго царская дочь?»

Целых полвека установление её личности подвергалось тщательным проверкам.

Пятьдесят лет спустя в «Нью Йорк Таймс» от 3 апреля 2014 года была напечатана статья «Сокровища и бытовые вещи эпохи Романовых». в которой Евгения Сметиско названа Юджинией Смит, дарительницей большого количества изысканных вещей царской семьи

Романовых и эпохи Романовых Свято-Троицкому Православному монастырю в Джорданвилле, штат Нью Йорк.

Резиденция Русской Зарубежной Православной Церкви - монастырь в Джоржданвилле, созданный по инициативе русских монахов в 1930 году, которые не смогли вернуться в коммунистический Советский Союз, открыл 25 мая 2014 года выставку «Музейный фонд русской истории».

Автор заинтересовался историей «Евгении» после того, как один из монастырских служителей предложил ему часть предметов из коллекции «Сметиско», которые посчитали неподходящими для музейной экспозиции.

Большинство живописных работ было выполнено в последний период жизни иммигрантки, утверждающей, что она - Анастасия. Но Церковь официально отказалась от признания Сметиско дочерью последнего российкого царя. Многие из этих замечательных работ, выполненных в 80-ые и 90-ые годы, изображают сцены из её «воспоминаний» о России. Некоторые отличаются причудливыми зарисовками (например, цыплята, клюющие зёрнышки). Эти рисунки свидетельствуют о прирождённём таланте художницы, подкреплённым определённым уровнем профессиональной подготовки.

Некоторые картины созданы другими художниками. Поясной портрет, написанный масляной краской на холсте, принадлежит кисти Ричарда Бенкса и фигурирует на страницах «Автобиографии». Автором других картин, включая работу, выполненную совместно со «Сметиско», является киевский художник Александр Кузнецов. «Евгения» подписывала свои работы «ОТМА», акроним, которым отмечены её вышивки и другие художественные произведения, созданные Ольгой, Татьяной, Марией и Анастасией.

Цель предлагаемой книги - не убедить и даже не пытаться убедить читателя, что «Евгения Сметиско» - это Великая Княжна Анастасия (которую связывают с автором общие родственные корни по линии английской королевской семьи). Задача данной книги – показать, каким самобытным художником она была. Её творческая натура сродни Анастасии.

Наряду с выставкой «Романовы и эпоха Романовых», экспонаты которой для «Фонда музея русской истории» были подарены «Сметиско», (в статье, напечатанной в «Лайф магазин», упоминается о том, что мистер Сметиско, фермер из Хорватии, указанный в иммиграционных документах как муж «Евгении», заявил, что он никогда с ней не встречался и тем более никогда не был женат на ней), данная книга позволит читателю познакомиться с её собственными работами.

Мы никогда не узнаем полную правду о случившщемся 17 июля 1918 года, но хотелось бы упомянуть в связи с этим о двух загадочных происшествиях.

Автор связался с Биометрической корпорацией в Вирджинии, узнав о её работе из телеканала «История». Мистер С., который выполнил биометрическое исследование по фотографии американского преступника Джесси Джеймса, любезно согласился сравнить фотографию юной Анастасии и 60-летней «Евгении». После многих недель ожидания пришёл ответ: скорее всего, это один и тот же человек или очень близкий родственник. Даже мочки ушей являются подтверждением этого сходства, что случается весьма редко в совершенно достоверных случаях.

Один только биометрический анализ не является полным доказательством идентичности женщины, лежащей на монастырском кладбище, на могильном кресте которой указана дата рождения Анастасии Николаевны Романовой, и Великой Княжны. Но это, *sans doute*, составляет ещё одну загадку «Евгении», которая во время проверки на детекторе лжи, ответила отрицательно на вопрос, является ли она Анастасией, и детектор зафиксировал это как ложное утверждение.

У русских принято ухаживать за могилами усопших близких. Автор и его мексиканская знакомая последовали этому обычаю, регулярно убирая могилу «Евгении». Мексиканка верит в то, что Евгения – это Анастасия. Она очень набожна и, когда молится у могилы «Евгении», небо светлеет.

Несколько лет тому назад донья К. настойчиво повторяла, что она очень хочет приготовить блюдо из мексиканского растения **уаузонтль**. Это кустистое растение, семена, листья и стебли которого съедобны. В империи ацтеков растение использовалось в религиозных целях как священное приношение, но испанские конкистадоры запретили его выращивать. Тем не менее, в отдалённых районах, которые не контролировались испанцами, его продолжали употреблять в пищу.

Когда автор и донья К. пришли в очередной раз осенью на кладбище, чтобы навести порядок на могиле «Евгении», то издалека им показалось, что могила заросла сорняками. Но когда мы подошли поближе и смогли разглядеть и потрогать растение, донья К. воскликнула: «Да это же *уаузонтль*! Великая Княжна прислала нам угощение».

Мы обошли всё кладбище, но нигде не обнаружили даже следов *уаузонтлль*. Собрав урожай, мы убедились, что кроме уаузонтль на могиле не выросли ни сорняки, ни какие-либо другие растения. Приготовленного блюда с добавлением жареного острого перца, чёрной фасоли и домашнего соуса хватило для пира на трёх человек. Евгения, Анастасия или Юджиния Смит, уйдя в мир иной, приготовила на земле почву для того, чтобы на ней выросло растение, дарящее пищу и радость обнаружившим его.

Верующий христианин может нам поверить, что молитвы благодарности, восхищения и изумления были произнесены перед вкушением блюда из *уаузонтль*. Об этом мистическом событии мы часто рассказываем всем, кто проявляет интерес к этой истории.

Автор желает читателю полюбоваться живописью «Евгении Сметиско», плениться её историей, независимо от того, к какому заключению он придёт. Истинная христианка со всепоглощающей верой в Бога сегодня она служит нам примером. Читатель обогатится этой верой при посещении монастыря и кладбища, окружённых соснами и холмистыми полями.

Guardian Angel with Censer

Water color and embroidery on canvas

unsigned

17.5" x 13"

44.5 cm x 33.02 cm

1

Pancheon the Horse Trainer

Oil on canvas

Number 29 from a previous exhibition

Artist has written on the wooden stretcher behind the painting: *right to left Alexis, G.D .Marie, Anastasia on the pony, Poncheon the children's horse trainer, Tatiana, G.D. Olga*

Signed OTMA, lower right

18" x 24"

45.72 cm x 60.96 cm

Replica of necklace worn by one or more of the Grand Duchesses, perhaps in services for the 300th anniversary of the Romanov Dynasty on March 6 (Old Style February 21), 1913.

Crafted with glass beads representing amber, emeralds and pearls as a memento.

9" x 7" (framed)   22.86 cm x 17.78 cm

Still Life Flowers and Vase

Reverse glass painting (*verre églomisé/Hinterglasmalerei*)

Number 13 from a previous exhibition

Signed OTMA in lower right

13" x 9.5"

33.02 cm x 24.13 cm

View From River

Oil on canvas

Signed OTMA lower right

1987

Number 55 from a previous exhibition

11" x 9.5"

27.94 cm x 24.13 cm

The Cap of Monomakh

Reverse glass painting (*verre églomisé/Hinterglasmalerei*)

Note in "Evgenia's" handwriting on back

9" x 7"

22.86 cm x 17.78 cm

Burning of Winter Palace

Oil on canvas

Number 33 from a previous exhibition

Printed on stretcher: *painted by OTMA 1987, Burning of Winter Palas [sic] in Petrograd, now Leningrad 1917*

16" x 14"

40.64 cm x 35.56 cm

Storming of Winter Palace

Oil on Canvas

Number 31 from a previous exhibition

16" x 14 "

40.64 cm x 35.56 cm

Note: The Winter Palace (Зи́мний дворе́ц). The storming of the palace in 1917 is symbolic for the Russian Revolution. After the February Revolution, Alexander Kerensky led the provisional government from this magnificent structure, designed in great part by architect Bortomoleo Rastrelli in what is known as Elizabethan Baroque Style. It is reported that it contains 117 staircases and 1500 rooms.

Roses

Oil on canvas

Signed OTMA lower right

Number 57 from a previous exhibition

15" x 12"

38.10 cm x 30.48 cm

The Emperor Nicholas II and Igor Sikorsky

Oil on canvas

Number 32 from a previous exhibition

13" x 17"

33.02 cm x 43.18 cm

Tsar with Icon and Troops

Oil on canvas

Number 37 from a previous exhibition

Signed OTMA lower right

14" x 11"

35.56 cm x 27.94 cm

Liturgy 300th Anniversary Romanov Dynasty

Oil on canvas board

Number 35 from a previous exhibition

Signed OTMA lower right

15" x 12"

38.10 cm x 30.48 cm

Ipatiev House in the Light of the Full Moon

Oil on canvas board

Number 56 from a previous exhibition

Signed OTMA lower right

14" x 12"

35.56 cm x 30.48 cm

Glimpse of Heaven Outside of Ipatiev House

Oil on canvas board

Number 43 from a previous exhibition

unsigned

15" x 13"

38.10 cm x 33.02 cm

To Nicholas II on St. Job's Day May 6ᵗʰ 1868

Oil on canvas board

Signed OTMA 1990 lower right (also on paper back of framed painting)

13" x 11"

33.02 cm x 27.94 cm

Untitled Landscape

Oil on canvas board

Signed OTMA lower right

Number 23 from a previous exhibition

9.5" x 11.5"

24.13 cm x 28.21 cm

Dalmation Coast

Oil on Canvas Board

Signed OTMA lower right

Number 8 from a previous exhibition

9.5" x 11.5"

24.13 cm x 29.21 cm

BOYARIN OSHA

Embroidery

Unsigned

12.5" x 19"

31.75 cm x 48.26 cm

Note: Boyarin Orsha (Боярин Орша): A scene from the poem by Mikhail Yuryevich Lermontov (Михаи́л Ю́рьевич Ле́рмонтов) in which the servant, Arseny, falls in love with the daughter of Boyarin Orsha, his master.

Embroidery of Lilies

Glass beads and threads

Signed OTMA in beadwork in lower right

Possibly early 20th century

13" x 11"

33.02 cm x 27.94 cm

Embroidery with glass beads, copper bands and fancy knotting

Signed OTMA in beadwork in lower right

Possibly early 20th century

12" x 9"

30.48 cm x 22.86 cm

Unfinished Embroidery

Unsigned

12" x 10"

30.48 cm x 25.40 cm

Untitled Church

Oil on canvas board

Number 45 from a previous exhibition

Signed OTMA lower right

Chicks Pecking Grain

Oil on canvas board

Signed OTMA in lower right

Number 25 from a previous exhibition

12.5" x 14.75"

31.75 cm x 37.47 cm

Yacht in Twilight

Oil on canvas board

Signed OTMA lower right

Number 62 from a previous exhibition

12" x 16"

30.48 cm x 40.64 cm

Exile to Tobolsk

Oil on canvas board

Signed OTMA lower right

Number 51 from a previous exhibition

13" x 10.5"

33.02 cm x 26.67 cm

NOTE: on back the artist has written: one moonlight night on the River, Two decker steamer "Russia" which carried the Imperial [sic] to exile in Tobolsk. OTMA 1990

Pheasants in Flight

Reverse glass painting (*verre églomisé/Hinterglasmalerei*)

Signed OTMA lower right

8" x 9.5"

20.32 cm x 24.13 cm

Tobolsk

Oil on canvas board

Signed OTMA 1986 lower right

10" x 14"

25.40 cm x 35.56 cm

Note: on back of painting, on a piece of attached paper, a note in "Evgenia's " handwriting:

Father visited 1891 Tobolsk. He gave money to the historical museum and established a foundation for the upkeep of the museum. While we were under arrest in Tobolsk an old magazine was sent to us from the museum. The museum was located near the little park with the statue of Yermack. (**Yermak Timofeyevich,** Ермак Тимофеевич, who conquered Siberia under "Ivan the Terrible.)

Statue of Alexander Sergeyevich Pushkin

Oil on canvas board

Signed OTMA lower right

Number 51 from a previous exhibition

14" x 11"

35.56 cm x 27.94

Alexander Sergeyevich Pushkin (Алекса́ндр Серге́евич Пу́шкин), poet and author of the Romantic Era of Russian Literature; statue located in the garden of the Imperial Lyceum in Tsarskoye Selo (Ца́рское Село́) near Saint Petersburg. Designed by sculptor Robert Bloch in 1900.

Sitting in the Moonlight

Oil on canvas board

Signed OTMA lower right

Number 60 from a previous exhibition

14" x 12"

35.56 cm x 30.48 cm

Family Portrait

(Dowager Empress Maria Feodorovna, Empress Alexandra, Tsar Nicholas II, Olga, Tatiana)

Oil on canvas board

Signed A. Kusnetsov-OTMA lower right

Number 41 from a former exhibition

16.5" x 13.5"

41.91 cm x 23.29 cm

Alexei with Lambs

Oil on canvas board

Signed OTMA lower right, Aleksandr Kusnetsov lower left

Number 21 from a previous exhibition

14" x 16"

35.56 cm x 40.64 cm

Anastasia: Woman and Child

Oil on canvas board

Signed AK90 lower right

Number 28 from a former exhibition

15.5" x 12"

39.37 cm x 30.48 cm

Coachman with Four White Horses

Oil on canvas board

Signed A. Kusnetsov lower right

12" x 16"

30.48 cm x 40.64 cm

Anastasia in 1991

Oil on canvas board

Signed A. Kusnetsov '92 lower right

Number 47 from a former exhibition

8" x 10"

20.32 cm x 25.40 cm

On back in "Evgenia's" handwriting: *Anastasia in 1991. She was 90 in 1991. Gift of Alexander Kusnetsov, a Russian artist from Kiev*

Portrait of "HIH Anastasia Nicholaevna Romanova, Grand Duchess of Russia"

Oil on Canvas

1963

Signed Richard Banks lower right

58.5" x 38.5"

148.50 cm x 97.79 cm

Published in *Anastasia: The Autobiography of HIH The Grand Duchess Anastasia Nicholaevna of Russia*
(Robert Speller & Sons, 1963)